CENTRO DE LAZER – SESC – FÁBRICA POMPÉIA   LEISURE CENTER – SESC – POMPÉIA FACTORY

Instituto Lina Bo e P.M. Bardi
Editorial Blau

Textos/Texts: Lina Bo Bardi, Cecília Rodrigues dos Santos, Marcelo Ferraz e André Vainer   São Paulo, Brasil. 1977-1986

SESC – FÁBRICA POMPÉIA

"Uma galeria subterrânea de 'águas pluviais' (na realidade o famoso córrego das Águas Pretas) que ocupa o fundo da área da Fábrica da Pompéia, transformou a quase totalidade do terreno destinado à zona esportiva em área *non edificandi*. Restaram dois 'pedaços' de terreno livre, um à esquerda, outro à direita, perto da 'torre-chaminé-caixa d'água' – tudo meio complicado. Mas, como disse o grande arquitecto norte-americano Frank Lloyd Wright. 'As dificuldades são os nossos melhores amigos'.

Reduzida a dois pedacinhos de terra, pensei na maravilhosa arquitectura dos 'fortes' militares brasileiros, perdidos perto do mar, ou escondidos em todo o país, nas cidades, nas florestas, no desterro dos desertos e sertões. Surgiram, assim, os dois 'blocos', o das quadras e piscina e o dos vestiários. No meio, a área *non edificandi*. E... como juntar os dois 'blocos'? Só havia uma solução: a solução 'aérea', onde os dois 'blocos' se abraçam através de passarelas de concreto protendido.

Tenho pelo ar condicionado o mesmo horror que tenho pelos carpetes. Assim, surgiram os 'buracos' pré-históricos das cavernas, sem vidros, sem nada. Os 'buracos' permitem uma ventilação cruzada permanente.

Chamei o todo de 'Cidadela', tradução da palavra inglesa, *goal*, perfeita para um conjunto esportivo.

Na área *non edificandi* pensei num grande *deck* de madeira. Ele corre de um lado ao outro do 'terreno proibido', uma espécie de chuveiro colectivo ao ar livre.

SESC – POMPÉIA FACTORY

"An underground gallery for 'storm waters' (in actual fact the well-known Águas Pretas stream) which takes up the bottom end of the Pompéia factory transformed nearly all of the land to be used as a sports ground into a *non edificandi* area. Two pieces of free land, one to the left and the other to the right, close to the 'tower-chimney-water tank' – all somewhat complicated. But, as the great North American architect Frank Lloyd Wright used to say: 'Difficulties are our best friends'.

Reduced to two little pieces of land, like the marvellous architecture of old Brazilian military forts, lost near the sea shores or hidden around the country, in cities, in forests, in the wilderness of deserts and backwoods. So we arrived at two 'blocks', one for the games courts and swimming pool and the other for changing rooms. In between them, the *non edificandi* area. And how to connect two 'blocks'? There was only one solution: the 'overhead' solution, where the two blocks are joined by walkways or footbridges of pre-stressed concrete.

I have the same horror of air conditioning as I do of carpeting, so I suggested the pre-historic 'holes' of the caverns, without glass, without anything. These 'holes' provide a permanent cross-ventilation.

I named the whole complex 'Cidadela', a translation of the English word 'goal', perfect for a sports complex.

In the *non edificandi* area I thought of a large wooden deck. It crosses from one side of the 'forbidden land' to the other along its entire length; to the right, a 'waterfall', a sort of collective outdoor shower.

1977-1986 – Proprietário: Serviço Social do Comércio – SESC
Arquiteto: Lina Bo Bardi
Arquitetos colaboradores: Marcelo Carvalho Ferraz
André Vainer
Recuperação da fábrica: Serviço de engenharia do SESC
António Carlos Affonso Martinelli
Luiz Octávio Martini de Carvalho
Cálculo das fundações: Mag – Engenheiros Associados, S.C.
Cálculos estruturais: Figueiredo Ferraz, Consultoria
e Engenharia de Projecto, Lda.
Execução das fundações: Estacas Franki
Execução da estrutura de concreto armado e protendido:
Método Engenharia e Comercial Construtora PPR
Execução do cimbramento da estrutura de concreto: Rohr
Execução do processo de protensão: Stup

1977-1986 – Owner: Social Service for Commerce – SESC
Architect: Lina Bo Bardi
Assistant Architects: André Vainer, Marcelo Ferraz
Renovation of old factory: SESC engineering departments,
António Carlos Affonso Martinelli,
Luiz Octávio Martini de Carvalho
Structural calculations: Figueiredo Ferraz, Consultoria e
Engenharia de Projecto, Lda.
Foundation calculations: Mag - Engenheiros Associados, S.C.
Execution of foundations: Estacas Franki
Execution of reinforced and pre-stressed concrete structures:
Método Engenharia Comercial Construção PPR
Execution of falsework for the concrete structure: Rohr
Execution of the pre-stressing process: Stup

NOVE ANOS

Começamos em 1977, pelo levantamento da antiga fábrica de tambores dos Irmãos Mauser: um escritório no canteiro de obras, com desenhos de observação passados para a prancheta, medidas no lugar, voltas e mais voltas pelos velhos galpões.

O projeto era verificado a cada passo na realidade da obra, e ali era feito com a mais ampla participação: engenheiros, mestres, operários...

Para nós, estagiários, tudo era novidade. Lina nos cobrava pela falta de medidas nos desenhos com belas broncas e, com dedicada amizade, nos introduzia nas maravilhas da profissão de construir. O trabalho era fascinante, pois praticávamos arquitectura no seu sentido mais amplo: restauração, edifícios esportivos novos, teatro, restaurante, oficinas, todo o mobiliário, sinalização, trajes dos funcionários e, por fim, a montagem de grandes exposições que marcaram época, como *Design no Brasil*, *Capirias, Capiaus: Pau-A-Pique* ou *Mil Brinquedos para a Criança Brasileira*.

Em 1982, a primeira etapa foi inaugurada e o centro começou a funcionar na antiga fábrica.

Com Lina, ajudamos a escolher, dentre os operários de obra, o corpo de contínuos que até hoje vem cuidando da manutenção do centro.

Em 1986 o bloco esportivo foi inaugurado, completando o centro de lazer, convivência e esporte não competitivo.

Nos primeiros anos de funcionamento, sob sua supervisão, a Fábrica da Pompéia foi uma grande novidade do cenário cultural brasileiro. Ali, Lina levou a cabo a arquitetura do

NINE YEARS

We started in 1977, with a survey of the Mauser Brothers' old steel drum factory: an office at the job-site, with observation drawings transferred to the drawing board, measured on site, back and forth between the old sheds.

The design was checked at each step as the work progressed, and engineers, foremen and workers participated fully in the work and grew with it...

For us trainees everything was a novelty. Lina would take us up on the lack of measurements in the drawings yet fondly open our eyes to the wonders of construction. The work was fascinating, as we were practising architecture in its fullest sense: restorations, new sports buildings, a theatre, restaurant, workshops, all the fittings and furnishings, signs, workers clothing and, finally, the execution of the great exhibitions that marked the era, such as "Design in Brazil", "Caipiras, Capiaus: Pau-A-Pique" or "One Thousand Toys for Brazilian Children".

In 1982, the first stage was inaugurated and started operating in the old factory.

With Lina's help, we selected a corps of special workers from the workers on the job-site; to this day, they remain in charge of the maintenance of the centre.

The sports block was inaugurated in 1986, thus completing the leisure centre; conviviality and non-competitive sports.

During the first years under her supervision, the Pompéia Factory was the great novelty on the Brazilian cultural scene. There, Lina worked on the architecture of human

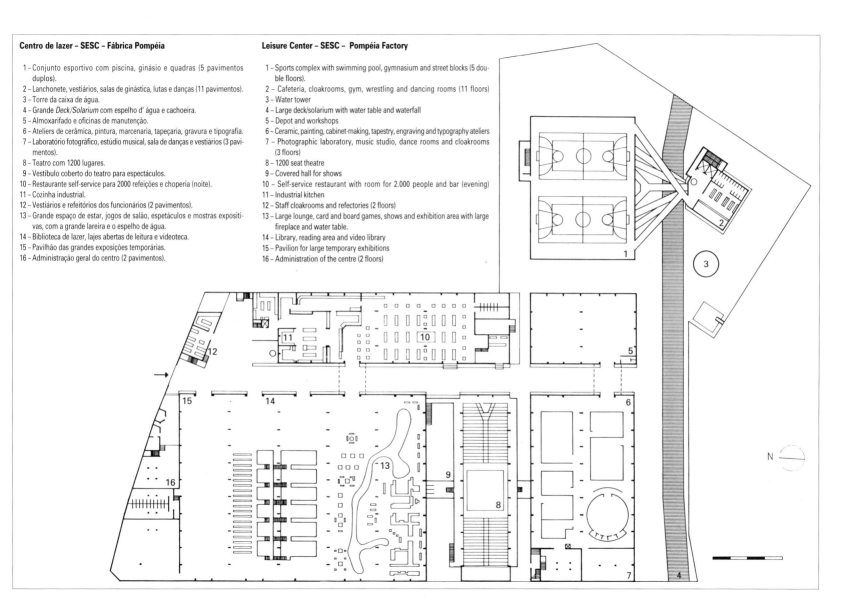

comportamento humano, projetando espaços e nele interferindo, criando contextos e provocando a vida. O convívio entre os homens era o grande gerador de tudo. "Aqui fizemos uma pequena experiência socialista", disse Lina repetidas vezes.

Éramos uma grande orquestra afinada, regida por um grande maestro.

Foram nove anos de muito trabalho.

Marcelo Carvalho Ferraz
André Vainer　　　　　　　　　　**São Paulo, 1993**

Marcelo Carvalho Ferraz nasceu em Carmo de Minas, em 1955. Formou-se arquitecto pela Faculdade de Arquitetura e Urbanismo da Universidade de São Paulo em 1978. A partir de 1977, trabalhou com Lina Bo Bardi, colaborando em todos os seus projetos. Paralelamente, vem desenvolvendo projetos de arquitetura e mobiliário em seu escritório Brasil Arquitetura.

Em 1992 publicou o livro *Arquitetura Rural na Serra da Mantiqueira* e em 1993 foi editor do livro *Lina Bo Bardi*, que deu origem à exposição itinerante do mesmo nome e, da qual, tem sido curador.

André Vainer nasceu em São Paulo, em 1954. Formou-se arquitecto pela Faculdade de Arquitetura e Urbanismo de São Paulo em 1980. A partir de 1977, trabalhou como colaborador de Lina Bo Bardi em diversos projectos. Paralelamente, vem desenvolvendo projetos de arquitetura com o arquiteto Guilherme Paoliello com quem mantém um escritório em São Paulo.

behaviour, designing spaces and altering them, creating contexts and giving birth to life. Conviviality between people is the great generator of everything. "Here we have undertaken a small socialist experiment", Lina would often say.

We were a great, well-tuned orchestra, conducted by a great maestro.

It was nine years of hard work.

Marcelo Carvalho Ferraz
André Vainer　　　　　　　　　　**São Paulo, 1993**

Marcelo Carvalho Ferraz was born in Carmo de Minas in the State of Minas Gerais, in 1955. He graduated as an architect from the Faculdade de Arquitectura e Urbanismo da Universidade de São Paulo in 1978. From 1977 he worked with Lina Bo Bardi, participating in all her projects. He is also developing architectural and furniture designs in his office, Brasil Arquitectura.

In 1992 he published a book *Arquitectura Rural na Serra da Mantiqueira*, and in 1993 edited the book Lina Bo Bardi, which gave rise to the exhibition – of which he is curator – of the same name.

André Vainer was born in São Paulo in 1954. He graduated as an architect from the Faculdade de Arquitectura e Urbanismo da Universidade de São Paulo in 1980. As of 1977 he worked in close association with Lina Bo Bardi on various projects. He has also developed architectural designs with Gulherme Poliello, with whom he shares an office in São Paulo.

SESC – FÁBRICA DA POMPÉIA

Uma cidadela americana

"...a América é uma sociedade aberta, com prados floridos e o vento que limpa e ajuda. Assim, numa cidade entulhada e ofendida, pode de repente surgir uma lasca de luz, um sopro de vento"[1].

Terra de acolhida dos emigrantes europeus, a América representa para Lina Bo Bardi o espírito da liberdade, a possibilidade de criar sem fronteiras e sem amarras, o constante recomeçar sobre novas bases, para ela, condições fundamentais de trabalho e de vida.

Percorrer o SESC – Fábrica da Pompéia na contra mão das visitas oficiais significa, antes de tudo, reconhecer este espírito libertário e negar os habituais enquadramentos da arquiteta e sua obra em correntes e escolas. Para depois tentar compreender seu trabalho como um complexo mosaico de citações, das mais eruditas às mais cotidianas e populares, costuradas de forma pessoal por uma grande sensibilidade eclética.

As condições para "criar a luz" e "deixar circular o vento"

SESC – POMPÉIA FACTORY

An american citadel

"...America is an open society, with flowering fields and a wind that cleans and aids. Thus, in a cluttered and ill-treated city, a ray of light, a puff of wind may suddenly appear"[1].

A land that has welcomed European immigrants, America represents for Lina Bo Bardi the spirit of liberty, the possibility for creating, with no frontiers or restraints, a constant renewal upon new bases which are, for her, fundamental conditions for work and for life.

A walk through the SESC Pompéia Factory on off-days between official visits signifies principally a recognition of this spirit of liberty and refutes the habitual restraining of the architect and her work with chains or schools of thought to then attempt to understand her work as a complex mosaic of quotations from the most erudite to the most everyday and popular, joined together in a personal manner by a greater eclectic sensitivity.

The conditions to "create light" and "let the wind circulate" in an "ill-treated" city like São Paulo are, for Lina

ELEVAÇÃO RUA INTERNA

numa cidade "ofendida" como São Paulo, são para Lina Bo Bardi a defesa incondicional do modernismo "anterior ao corte representado pela 2ª guerra"[2]: o combate humanista radical, para além de qualquer formalismo; a pesquisa séria e apaixonada da essência da cultura popular brasileira para dela extrair a poesia maior do trabalho, itens de contextualização da obra e de re-integração do usuário com sua cultura.

Ao rebatizar essa nova sede do Serviço Social do Comércio de Fábrica da Pompéia, Lina Bo Bardi nos dá a chave para descobrir seus mais preciosos segredos.

POMPÉIA I

Aportar em Pompéia, no Brasil, em pleno século XX, pode ser a primeira etapa de uma grande viagem exploratória. Essa Pompéia americana traz no seu traçado ortogonal e regular a memória de um bairro cuja história está ligada ao início da industrialização em São Paulo. Desde o final do século passado, casas geminadas em série foram se justapondo de forma aleatória a galpões e prédios industriais. Essas contruções, apenas 50 anos depois, já começavam a ser abandonadas pela produção e seus operários, confirmando uma dinâmica de crescimento antropofágico muito própria das cidades brasileiras. O Serviço Social do Comércio, entidade independente mantida por contribuições dos comerciários, adquire, na década de 70, um grande conjunto de galpões recém desocupados por uma fábrica de geladeiras. Alinhados ao longo de uma rua de serviço, que conduzia uma área vazia atravessada em toda

Bo Bardi, the unconditional defence of modernism "before the interruption of the Second World War"[2]; the radical humanistic fight, beyond any formalism; the serious and passionate research of the essence of Brazilian popular culture to extract from it the greater poetry of the work, items of contextualisation of the work and re-integration of the user with his culture.

By renaming this new headquarters of the Social Service for Commerce as the Pompéia Factory, Lina Bo Bardi provides us with the key to discovering her most precious secrets.

POMPÉIA I

To land in Pompéia in Brazil in the middle of the 20th century may be the first stage in a long exploratory voyage. This American Pompéia brings in its orthogonal, regular lines the memory of a suburb whose history is connected to the beginning of industrial development in São Paulo. Ever since the end of the last century, series of terraced houses began to be inserted in a random fashion between warehouses and factories.

A mere fifty years later, these buildings began to be abandoned by industry and its workers, confirming the cannibalistic dynamic growth so typical of Brazilian cities. During the 1970's the Social Service for Commerce, an independent organisation maintained by contributions from commercial companies, acquired a large group of storehouses recently vacated by a refrigerator plant. Aligned along a service street leading to a vacant area crossed along

a sua extensão pelo córrego da Água Preta, os velhos prédios talvez tivessem cedido lugar a um moderno centro cultural e esportivo da associação não fosse Lina Bo Bardi a arquiteta escolhida para elaborar o projeto.

"Encantada pela elegante e precursora estrutura de concreto dos galpões, distribuidos racionalmente conforme os projetos ingleses do começo da industrialização européia"[3], Lina Bo Bardi "lembrou cordialmente do pioneiro Hennebique"[4] vendo-se na contigência de propor sua conservação. Assim, mantem a rua interna existente como espinha dorsal do conjunto, reciclando as construções antigas em áreas de convívio. Grandes espaços são liberados sob os telhados de estrutura de madeira e cobertura de telhas de barro e vidro, para aí se instalar a administração, o restaurante polivalente (local também de apresentações musicais e festas), o grande espaço de encontro e exposições, os ateliês de arte e artesanato. Além do mezanino em concreto aparente, que introduz a intimidade de pequenas salas de jogos, vídeo e leitura na amplidão da principal área de convívio, apenas o galpão destinado ao teatro recebeu intervenção um pouco mais contundente. Um espaçoso *hall* coberto, ocupando o vazio existente entre a sequência de módulos da fábrica, coberto por tradicional telhado de duas águas e telhas de vidro, introduz um galpão-teatro com duas platéias frontais e balcões que se exibem nas laterais externas como cubos alongados de concreto em balanço.

A área restante, que deveria abrigar as instalações esportivas, ficou portanto restrita a duas pequenas parcelas do terreno atrás dos galpões, limitadas pela zona *non*

its length by the Águas Pretas stream, the old buildings could well have given way to a "modern" cultural and sports centre had Lina Bo Bardi not been the architect selected to draw up the design.

"Enchanted by the elegant, old-fashioned concrete structure of the storehouses, distributed in a rational manner along the lines of the English designs of the beginning of European industrialisation"[3], Lina Bardi "was pleasantly reminded of pioneer Hennebique"[4] faced with the contingency of proposing their preservation. Thus, the existing internal street is maintained as the backbone of the complex, the old buildings transformed into social areas. Great spaces are freed beneath the roof made of wooden structures covered with ceramic and glass tiles, to house the administration, a multipurpose restaurant (also a place for musical presentations and parties), a large area for meetings and exhibitions, and art and handicraft studios. Besides the mezzanine in architectural concrete, which introduces the intimacy of small rooms for card games, video and reading within the expanse of the main social area, only the storage area set aside for a theatre suffered more drastic measures. A spacious covered hall, occupying the empty space between the sequence of factory modules, covered by a traditional roof of two panes and glass tiles, leads to a shed-theatre with two frontal pits and balconies running along the sides like elongated cubes of overhanging concrete.

The remaining area, which should have housed the sporting facilities, was however restricted to two small parcels of land behind the sheds, bounded by the *non edifi-*

edificandi sobre o córrego. Das normas de ocupação surgiram os edifícios que completam o projeto: três blocos isolados em concreto, com a solidez das fortalezas. O primeiro, um prisma estrutural regular, foi destinado à piscina e às quadras esportivas, sobrepostas em quatro andares de pé direito duplo e piso em grelhas de concreto protendido para liberar áreas de 30m x 40m. O segundo, um pouco mais esguio e ligado ao primeiro por passarelas de concreto protendido, destinado aos vestiários e salas de exercícios, tem uma das faces marcadas pela escada de emergência e respectivos terraços de circulação. Um longo cilindro completa o conjunto e abriga a caixa d'água.

Os restantes 3 000 m², que incluem um *deck* de madeira sobre o córrego (solário batizado nostalgicamente de "rua da praia") define-se conceitualmente como uma zona de fronteira. Um vazio que une (ou separa...) dois conjuntos de edifícios sem nenhuma relação aparente entre si, seja de escala, de línguagem ou de história, em diálogo mimético com seu contexto imediato.

São Paulo é uma estrutura urbana extremamente heterogênia e descontínua, formada e reformada ao sabor dos humores do mercado e algumas regras de zoneamento que foram perdendo seu significado sem perder a validade. Uma cidade que, nas palavras sempre atuais de Lévi-Strauss, passa do frescor à decripitude sem conseguir se tornar antiga. Edifícios compactos, a maioria autistas e inexpresivos, acomodados em pequenos lotes, mantendo recuos laterais e frontais que comprometem a configuração das quadras justapoem-se a residências, terrenos vazios, edifícios institucionais, sem obedecer a critérios cla-

candi area over the stream. The occupation norms produced the buildings that would complete the design: three isolated concrete blocks with the solidity of fortresses. The first, a regular structural prism was destined for the swimming pool and games courts, superimposed in four floors with double ceiling height and floors of pre-stressed concrete grating to liberate areas of 30m x 40m. The second, slightly narrower and connected to the first by pre-stressed concrete walkways, is used for changing rooms and exercise rooms, with one of its façades marked by a fire-escape ladder and the respective circulation terraces. A tall cylinder containing the water tank completes the complex.

The remaining 3000 m², which includes a wooden deck over the stream (a solarium nostalgically baptised as the "beach road"), may be conceptually defined as a frontier zone. A space that joins (and separates) two groups of buildings with no relationship to one another, be it in scale, language or history, in a simulative dialogue with its current context.

São Paulo is an extremely heterogeneous and discontinuous urban structure, formed and re-formed by market trends and a few zoning laws that gradually lost their significance without losing their validity. A city that, in the words of Levi-Strauss, passes from freshness to decrepitude without managing to become old. Compact buildings – the majority autistic and inexpressive, placed on small plots, with lateral and frontal recessions that spoil the configuration of the city blocks – are set next to residences, empty terraces, institutional buildings, with no conformity to clear criteria, with no notion of hierarchy, configuring a

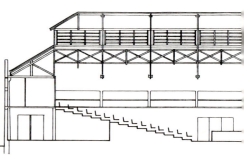

ros, sem nenhuma noção de hierarquia, configurando um contexto de difícil leitura que já chegou a ser definido como "falta de contexto".

Coube a Lina Bo Bardi, através da arquitetura e da implantação geral do projeto do SESC, a atitude corajosa de reproduzir esse modelo pragmático de crescimento, acirrar as contradições, forçando sua leitura e entendimento. Ao usuário, conhecedor no seu dia a dia de tantos espaços homólogos, destinou a tarefa de conferir unidade ao conjunto ao percorrê-lo e identificar-se com sua estrutura. E mais: encarregou-o da crítica dos mesmos espaços, motivando-o através de uma série de pequenos gestos e provocações semeadas ao longo do projeto. Por outro lado, as três torres, com sua arquitetura singular e auto-referente, sinalizam o que poderia vir a ser uma nova postura de intervenção na cidade: criam um marco, uma nova referência visual em uma paisagem homogênea na sua heterogeneidade absoluta, identificam o território do SESC Pompéia apontando para seu passado próximo.

POMPÉIA II

Pompéia é a palavra chave para definir o contexto físico imediato do conjunto e sua ligação com a história da cidade, mas ela também remete à italianidade intrínseca a São Paulo. A partir de meados do século XIX, um enorme contigente de emigrantes italianos literalmente ocupa a cidade acabando por conferir uma marca importante às construções, à língua, aos costumes paulistanos. Cem anos mais tarde, em 1946, Lina Bo Bardi vem juntar-se aos seus con-

context that is difficult to understand and that has already been defined as "lacking in context".

It was for Lina Bardi, through architecture and the general implementation of the SESC project, to take the courageous attitude of reproducing this pragmatic model of growth, instigating contradictions, forcing its interpretation and understanding. To the user, aware in his daily activities of so many similar spaces, the task fell of conferring unity to the complex when going over it and identifying himself with its structure. Also, he was charged with criticising these same spaces, motivated by a series of small gestures, clues and provocation seeded throughout the design.

On the other hand, the three towers with their singular, unique architecture point to what could come to be a new stand of intervention in the city: it creates a mark, a new visual reference in a landscape that is homogeneous in its complete heterogenousness, identifying the SESC Pompéia land and pointing to its recent past.

POMPÉIA II

Pompéia is the key word to define the immediate physical context of the complex and its connection with the history of the city, but it also refers to the Italian element that is intrinsic in São Paulo. As of the middle of the 19th century, an enormous number of Italian immigrants literally occupied the city, thereby conferring an important mark upon the buildings, the language and the customs of the São Paulo inhabitants. One hundred years later, in 1946,

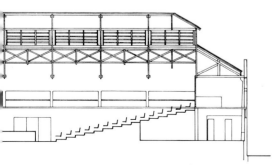

terrâneos, abandonando não mais províncias pobres e turbulentas, em vias de unificação, mas um país único, dilacerado física e culturalmente por anos de fascismo e de guerra, com perspectivas de reconstrução com as quais ela não se identificava[5].

Se o olhar de Lina Bo Bardi sobre essa nova civilização americana é tão perspicaz que chega a ser considerado nativo, tão profundo que se faz autênticas raízes, é preciso ter sempre presente que essa curiosidade, essa capacidade de redescobrir a realidade atavés de uma leitura renovada do "lugar", da "história" e da "mitologia", está intimamente ligada à sua condição estrangeira. Afinal, parafraseando Walter Benjaim, não é de Moscou que se aprende a ver Berlim?

A força latente do olhar forasteiro, que ganha cores tão próprias quando pousa sobre a América Latina, e cuja definição é fundamental para dar conta de todas as dimensões da obra de Lina Bardi, tem seus paralelos no prefácio do livro *Les Mots et les Choses*, Michel Foucault deixa claro esse "mecanismo" ao explicar que a gênese do trabalho está num conto de Jorge Luis Borges. A origem do texto está no incômodo de constatar a sua impossibilidade de tê-lo pensado, na curiosidade que ele desperta sobre "as relações de similaridade e equivalência que fundam as palavras, as classificações, as trocas"[6]. A liberdade e a fantasia de Borges ao ordenar o inordenável e ainda estabelecer um lugar comum para sua coexistência, procedimento tão familiar, tão intimamente incorporado ao nosso ser e pensar "realista fantástico" latino-americano que não chega a nos ser provocativo, abriram para o olhar atento do

Lina Bo Bardi came to join her countrymen, no longer abandoning poor, turbulent provinces in the throes of unification, but a single country, physically and culturally shattered by years of fascism an war, and with prospects for reconstruction with which she did not agree [5].

If Lina Bardi's view of this new American civilisation is so sharp that she comes to be considered a native, so profound that it sends out authentic roots, it should always be borne in mind that this curiosity, this capacity to re-discover reality through a new reading of the "place", of the "history" and of mythology", is intimately connected with her status as a foreigner, a European. After all, to paraphrase Walter Benjaim, "is it not from Moscow that you learn to see Berlin"?

The latent force of the foreign gaze takes on such typical colours when it rests upon Latin America, its definition fundamental to understanding all the dimensions of Lina Bardi's work. In the preface to his book "Les Mots et les Choses", Michel Foucault points out clearly this "mechanism" when he explains that the genesis of this book is in the story by Jorge Luis Borges. The origin of the text lies in the discomfort of discovering the impossibility of his having thought of it, in the curiosity he awakens on "the relations of similarity and equivalence that underlie words, classifications, changes"[6]. Borges' liberty and fantasy when making order of the "unorderable" and even establishing a common place for its co-existence, a procedure that is so familiar, so intimately incorporated with one's self and the Latin American "fantastic realist" way of thinking that does not provoke us, opened to foreigner Foucault's sharp eyes

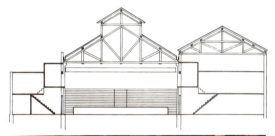

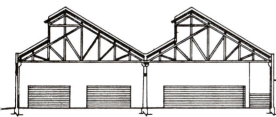

estrangeiro Foucault um novo horizonte de reflexão. O texto de Foucault foi inspirado, no fundo, pelo charme exótico de um pensamento que não é outra coisa que o limite do seu próprio pensamento.

Dessa maneira Pompéia torna-se mais do que uma relação fisica, próxima e obrigatória. Para o projeto do SESC, Pompéia é o signo de uma Itália apesar de distante, presente de forma visceral em cada gesto de projeto e, de forma mais racional, no trabalho de restauração e revitalização das construções antigas. Porque, se é fato que as intervenções de Lina Bardi têm um cunho bastante pessoal, não se deve esquecer que toda sua formação é européia, com o respectivo peso da história e a inegável intimidade com as ruinas. Nem será difícil encontrar analogias entre seu trabalho e a obra de outros arquitetos europeus com uma atuação tão pessoal quanto a sua, trabalhando de forma crítica na releitura do objeto e lugar, e com uma interferência ativa e transparente na recomposição final.

a new horizon for reflection. Foucault's text was inspired, basically, by the exotic charm of a way of thinking that is no more than the limit of his own thoughts.

In this manner Pompéia becomes more than a physical, close and obligatory relationship. For the SESC project, Pompéia is the sign of an Italy albeit far away, but present in a visceral form in every stroke of the design and, in a more rational form, in the work of restoring and revitalising the old constructions. Because, while it is true that Lina Bardi's operations have a very personal touch, one should not forget that her whole background is European, with the respective weight of history and the undeniable intimacy with ruins. Nor should it be difficult to find analogies between her work and the works of other European architects with an actuation as personal as hers, working in a critical manner by re-reading the object and the place, and with an active and transparent interference in the final recomposition.

FÁBRICA I

"A grande arquitetura brasileira no imediato pós-guerra, foi como um farol de luz a resplandecer em um campo de morte"[7], gostava de repetir Lina Bo Bardi. E foi esse o farol que guiou seus passos até ao Brasil.

Seduzida pelo o que seria a versão brasileira dos princípios da arquitetura moderna, Lina Bo Bardi não demorou muito a se decidir pela radicalização dessa busca da verdade cultural nacional. Se os jovens arquitetos da escola carioca haviam conseguido, levados pelo brilho de Lucio

FACTORY I

"The great Brazilian architecture of the immediate post-war period was like a light shining in a field of death"[7], Lina Bardi enjoyed repeating. And it was this light that guided her steps to Brazil.

Attracted by what was to become the Brazilian version of the principles of modern architecture, Lina Bardi lost no time in deciding upon the radicalisation of this search for a national cultural truth. If the young architects of the Rio de Janeiro school, led by the brilliant Lucio Costa, had

Costa, a efetuar a síntese tão complexa entre os principios e a tradição da arquitetura barroca e colonial, a força e a sinusoidade asfixiantes da paisagem com os cinco pontos da arquitetura de Le Corbusier e seu discurso moderno, Lina Bo Bardi resolveu ir além. No final da década de 50, quando se ultimavam os preparativos para a inauguração de Brasília e os olhos do mundo se voltavam para essa retumbante manifestação de arte nacional, a arquiteta embrenha-se no sertão nordestino, região sêca e miserável, em busca da outra face dessa arte, numa empreitada que ela mesmo denominou de "procura antropológica"[8].

Fazendo uso de critérios pessoais, "sem compromissos estetizantes ou romântico-artesanais"[9], e sem preocupações com o possível valor de mercado dos objetos, a arquiteta registra e estuda desde construções populares, festas e rituais até o pré-artesanato doméstico esparso "expressão de fatos, ainda que mínimos, que na vida cotidiana possam exprimir poesia"[10].

Seja na divulgação através das páginas da revista *Habitat*, das diferentes manifestações artisticas que exprimissem a "genialidade do país para além do que é sacramentado e oficial", seja no discurso pela "organização da cultura" através da criação da *Enciclopédia Brasileira*, seja através dessa cruzada de levantamento do que ela denominou "as correntes culturais do povo brasileiro", divulgadas depois em várias exposicões[11], Lina Bo Bardi acaba por realizar um verdadeiro balanço da "civilização popular", com rebatimento vital para sua obra.

Aos poucos vai se operando, através da verdade dessas manifestações – da simplicidade de trabalhos feitos da

managed to effect such a complex synthesis between the principles and traditions of baroque and colonial architecture, the asphyxiating force and sinuosity of the landscape with the five points of Le Corbusier's architecture and his modern discourse, Lina Bardi decided to go one further. By the end of the 1950's, when preparations were almost over for the inaugurations of Brasília and the eyes of the world were turned to this resounding manifestation of national art, the architect penetrated into the North-eastern "sertão", a dry, miserable region, in search of another face for this art, on an undertaking that she herself named an "anthropological quest"[8].

Making use of personal criteria, "without aesthetic or romantic-craft work compromises"[9], and with no concern about the possible market value of the objects, the architect recorded and studied, from popular constructions, feasts and rituals to the sparse domestic handicrafts "an expression of facts, albeit minimal, which in everyday life can become poetry"[10].

Be it in the dissemination through the pages of the magazine Habitat of the various artistic manifestations that expressed the "geniality of the country to beyond that which is accepted and official", be it in the speech for "the organisation of culture" through the creation of the Enciclopédia Brasileira (Brazilian Encyclopaedia), or be it through this crusade of discovery which she called "the cultural currents of the Brazilian people", later shown in several exhibitions[11], Lina Bardi came to carry out a genuine weighing up of the "popular civilisation" with a criticism that is vital for her work.

reciclagem de latas, de couro mal curtido e de cerâmica utilitária ingénua – a descoberta de um profundo sentido de despojamento que interioriza em seus projectos, de uma contribuição "indigesta, sêca, dura de digerir"[12], características que passarão a ser indissociáveis da obra da arquiteta presentes também nos três novos blocos do SESC. Edifícios que, além de dispensar qualquer sofisticação de detalhamento, ainda são marcados por gestos fortes. Como aquele que liga dois prédios através do aceno desordenado de braços vigorosos de concreto. Ou que, em vez de recortar janelas, prefere arrancar nacos de concreto das paredes e criar aberturas irregulares, funcionalmente justificadas pela necessidade de ventilação cruzada nas quadras de esporte, mas que também oferecem um enquadramento muito oportuno à paisagem melancólica da metrópole: afinal estamos muito distantes do encanto natural do Rio de Janeiro para nos permitir o desfrute de generosas "*baies vitrées*"... Nada, além do discurso, lembra aqui a antiga paixão pelo lirismo e leveza da arquitectura da escola carioca dos anos 30 e 40.

Porém, povoando uma obra dura, de inegável clareza estrutural e verdade construtiva, multiplicam-se os "gestos menores". Toda uma série de licenças poéticas invadem o projecto do SESC – Fábrica da Pompéia. Sob os antigos telhados de três galpões unidos serpenteia um riacho recortado no piso de pedra, referência ao principal rio do Nordeste, o São Francisco. Ao lado, uma grande lareira acesa nos dias mais frios, reúne, no mesmo ambiente, o fogo ancestral, a água e a terra das telhas e dos tijolos de fechamento dos galpões criando a magia da reunião dos

Slowly one builds up, through the truth of these manifestations, the simplicity of work made from recycled cans, rawhide and ingenuously utilitarian ceramics, the discovery that a profound sense of bereavement dwells in her work, "a contribution that is indigestible, dry, hard to stomach"[12], characteristics that come to be inseparable from the work of the architect and also present in the three new SESC blocks. Buildings that, besides renouncing any sophisticated detailing, are marked by strong gestures such as the one connecting the two buildings through a disordered waving of vigorous concrete arms, or that, instead of cutting out windows, prefers to tear chunks of concrete from the walls to create irregular openings, functionally justified by the requirement for cross-ventilation from the sports courts, but which offers a very opportune framing for the melancholy landscape of the city; after all we are a long way from the natural charms of Rio de Janeiro to permit the enjoyment of the generous "baies vitrées"... Nothing else, except for speeches, calls to mind the old passion for lyricism and lightness of the Rio de Janeiro school of architecture in the 1930's and 40's.

However, peopling a hard work of inescapable structural clarity and apparent constructive truth, the "lesser gestures". A whole series of poetic license invades the SESC Pompéia Factory design. Beneath the old roofs of the three conjoined sheds winds a rivulet cut into the stone flooring, a reference to the principal river of the Northeast, the São Francisco. To one side a large fireplace, kept alight on cold days, unites in the same environment the ancestral hearth, the water and earth of the tiles and the bricks

quatro elementos. Nas canaletas de água pluvial que ladeiam a rua central, o revestimento de seixos rolados, memória de tantos outros riachos. No piso dos sanitários, a justaposição de fragmentos coloridos de cerâmica. No espaço de junção das passarelas com os dois edifícios da área esportiva, elementos de proteção que são esculturas de ferro, flores de mandacaru, o cactus mais encontrado na catinga. Na cozinha e na piscina-açude (e não piscina olímpica!), azulejos com motivos marinhos, desenhos de pássaros e plantas tropicais. Nas quadras, uma composição de cores que respondem mais a uma vontade de "fazer arte" do que a qualquer marcação esportiva oficial. Ao longo da torre da caixa d'água o concreto escorre na medida certa para fazer pensar que por ali enrolaram suas prendas as mulheres rendeiras de Cajazeira. E são essas pequenas alegrias, esses pequenos gestos que, somados à memória impregnada nas paredes dos galpões, são oferecidos ao usuário como pistas para que ele consiga, num momento, reconhecer-se na obra apropriando-se dela como um todo. E, em seguida, sentido-se forte e inteiro, possa lançar-se na conquista definitiva da cidadela, na tomada de toda a cidade.

FÁBRICA II

Essa ode à apropriação do espaço, essa vocação do projeto ao mesmo tempo humanista e social, com tintas revolucionárias, é uma extensão da prática profissional de Lina Bo Bardi. Ao instalar seu ateliê no próprio canteiro e recusar a intermediação do desenho técnico executivo, a

in the walls of the sheds creating the magic of a reunion of the four elements. In the rainwater gutters that border the central street, a lining of round pebbles recalling so many other streams. In the flooring of the toilets, the juxtaposition of coloured ceramic chips. In the junctions between the walkways and the two buildings of the sports area, protective elements are sculptured from iron, the flowers of the mandacarú, the cactus most common to the north-eastern caatinga. In the Kitchen and in the swimming lake (and not an Olympic swimming pool), tiles with marine motifs, drawings of birds and tropical plants. On the courts a composition of colours that answer more to a desire to "produce art" than to any official sports markings. Along the water tower the concrete pours in just the right amount to make one think that the women of Cajazeira might have made their laces there. It is these small charms, these small gestures that, added to the recollections impregnated into the walls of the sheds, are offered to the user as clues so that he may, to begin with, recognise himself in the work and appropriate it all to himself; then, feeling whole and strong, launch himself upon the definite conquest of the citadel, and take the whole city.

FACTORY II

This ode to the appropriation of space, this both humanistic and social vocation, with "revolutionary" connotations in the design is an extension of Lina Bardi's professional practice. By installing her studio on the job-site and refusing to be represented by executive technical drawings,

arquiteta lança-se no cotidiano da obra, resolvendo detalhes na medida em que se apresentam os problemas, sempre em parceria com engenheiros e operários. Sua forma de expressão são croquis, fortes como seus gestos construtivos, quase sempre muito coloridos, onde a idéia principal do projecto é apresentada através de composições que incluem desenhos gerais, cotas, detalhes, pequenos textos conceituais e explicativos. O desenho como exercício de pensamento e concepção, à maneira renascentista.

Quando Lina Bo Bardi decide que a torre cilíndrica da caixa d'água deveria ser uma alusão à chaminé destruída da fábrica, não apresenta um projecto acabado. A torre acaba sendo solucionada por técnicos e operários que desenvolvem vários protótipos até chegar à solução construtiva aprovada pela arquitecta: uma forma de compensado de madeira deslizando para dar lugar aos 56 anéis empilhados, de um metro de altura cada. A estopa na face externa, utilizada como elemento de vedação na fase de concretagem, molda o rendado final da superfície. A mão de obra da construção em São Paulo, pobre e desqualificada, constituida, na sua maioria, de migrantes nordestinos, é paradoxalmente a mesma "mão criativa" cujo trabalho fascinou Lina Bardi nas suas excursões. A marca deixada na torre é apenas mais um manifesto da arquitecta.

A outra face dessa mesma vocação está na subversão total dos programas e intensões iniciais do cliente, a recusa da estrutura de um tradicional Centro Cultural e Esportivo e a proposta de um dinâmico Centro de Convivência. O esporte e as actividades culturais são tratados sob a ótica

the architect became involved in the everyday happenings of the work, solving details as problems appeared, always in partnership with engineers and workers. Her form of expression is through sketches, as strong as her constructive gestures, usually highly colourful, where the main idea of the design is shown by compositions that include general drawings, measurements, details, brief conceptual and explanatory texts. The drawing as an exercise in thought and concept, in the manner of the Renaissance.

When Lina Bardi decides that the cylindrical water tower should be an allusion to the dismantled factory chimney, she presents no finished design. The tower winds up being solved by technicians and workers who build several prototypes until they arrive at a construction solution that is approved by the architect: a plywood form sliding up to provide room for the 56 "piled" rings, each one meter in height. The cotton waste on the external face, used as a sealing element during the concreting phase, moulds the final lace effect of the surface. The civil construction labour force in São Paulo, poor and unqualified, is made up mostly of migrants from the Northeast, and paradoxically is the same "creative hand" whose work fascinated Lina Bardi upon her excursions.

The mark left on the tower is just another manifestation by the architect.

The other face of this same vocation is in the total subversion of the client's initial programs and intentions, the refusal of a traditional structure for a Cultural and Sports Centre and the proposal for a dynamic Social Centre. Sporting and cultural activities are treated under the view-

do lazer criativo, a cultura deve ser recriada todos os dias nos ateliês e nos grandes espaços reservados às festas e encontros e o esporte é visto como uma modalidade de lazer e confraternização, não contando portanto com quadras e piscina nas dimensões esportivas oficiais para a sua prática[13].

Para Lina Bo Bardi, o SESC – Pompéia é fábrica na medida em que oferece seus espaços como palco para uma cidadania cultural exercida na sua forma mais plena.

Cecília Rodrigues dos Santos São Paulo, 1993

Cecília Rodrigues dos Santos é arquiteta formada pela Universidade Mackenzie, São Paulo, Com DEA em História da Arte pela Universidade de Paris X /Nanterre. É co-autora da exposição e do livro *Le Corbusier e o Brasil* (Editora Tessela/Projecto, 1987) e dos boletins *São Paulo* e *Rio de Janeiro* do Institut Français d'Architecture.

Tem artigos em diversas publicações brasileiras e estrangeiras, tendo colaborado na edição das revistas brasileiras de arquitectura *Projeto* e *Arquitectura e Urbanismo*. Desde Junho de 1994 é responsável pela coordenadoria do Instituto do Património Histórico e Artístico Nacional, em São Paulo.

point of creative leisure, culture should be re-created daily in the studios and in the great spaces reserved for parties and meetings, while sports are seen as a form of leisure and companionship, not therefore counting on courts and swimming pools in the official sporting dimensions for their practice[13].

For Lina Bo Bardi, SESC Pompéia is a factory inasmuch as it offers its ample space as a stage for a cultural citizenship practised in its highest form.

Cecília Rodrigues dos Santos São Paulo, 1993

Cecília Rodrigues dos Santos graduated as an architect from Mackenzie university, São Paulo, and holds a DEA in History of Art from the University of Paris X/Nanterre. She is the co-author of the exhibition and book "Le Corbusier e o Brasil" (Editora Tessela/Projecto, 1987) and of the circulars "São Paulo" and "Rio de Janeiro" produced by the Institut Français d'Architecture.

She writes articles in various Brazilian and foreign publications, and has worked on the Brazilian architecture magazines "Projeto" and "Arquitectura e Urbanismo". Since June 1994, she has been co-ordinator at the Instituto do Património Histórico e Artístico Nacional in São Paulo.

¹ Bardi, Lina, *Sobre a Fábrica Pompéia*, s. d., in-folio.
² Bardi, Lina, *Planejamento Ambiental*, in: Malasartes, n.º 2, 1976.
³ Bardi, Lina, *Sobre a Fábrica Pompéia*.
⁴ Idem.
⁵ Depoimento a Marcelo Ferraz in: Ferraz, Marcelo, *Saudades do futuro*, 1992, in-folio.
⁶ Foucault, M., *Les Mots et Les Choses*, 1966.
⁷ Bardi, Lina, *Uma aula de arquitectura*, in revista Projecto n.º 133, 1990.
⁸ Bardi, Lina, *Planejamento Ambiental*.
⁹ Idem.
¹⁰ Idem.
¹¹ Textos e matérias da revista Habitat, dirigida por Lina e Pietro M. Bardi de 1950 a 1954.
¹² Bardi, Lina, *Planejamento Ambiental*.
¹³ Bardi, Lina, *SESC – Pompéia – SPDRT*, s.d., in-folio.

[1] Bardi, Lina, *Sobre a Fábrica Pompéia*, (On the Pompéia Factory), s.d., infolio.
[2] Bardi, Lina, *Planejamento Ambiental* (Environmental Planning), in: Malasartes, no 2, 1976.
[3] Bardi, Lina, *Sobre a Fábrica Pompéia*, (On the Pompéia Factory).
[4] Idem.
[5] Statement to Marcelo Ferraz in: Ferraz, Marcelo, *Saudades do Futuro* (Nostalgia for the Future), 1992, in-folio.
[6] Foucault, M., *Les Mots et les Choses*, (Words and Things), 1966.
[7] Bardi, Lina, *Uma aula de arquitectura* (A lesson in architecture), in: projecto no 133, 1990.
[8] Bardi, Lina, *Planejamento Ambiental* (Environmental Planning).
[9] Idem.
[10] Idem.
[11] Texts and materials from the magazine *Habitat*, directed by Lina and Pietro M. Bardi from 1950 to 1954.
[12] Bardi, Lina, *Planejament Ambiental* (Environmental Planning).
[13] Bardi, Lina, *SESC Pompéia – SPDRT*, s.d., in-folio.

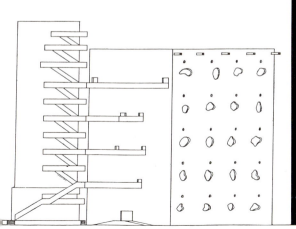